육아부부의
사야이

육아부부의 사야이

1판 1쇄 인쇄_ 2014.07.07.
1판 1쇄 발행_ 2014.07.21.

글·그림 유영태
발행인_ 홍성찬

발행처_ 인사이트북스
출판신고_ 2009년 6월 5일 제25100-2009-0017호

주소_ 서울특별시 강북구 삼양로169길 34-12(우이동)(142-871)
대표전화_ 070)8112-0846
팩시밀리_ 02)906-9888
이메일_ insightbooks@hanmail.net

ⓒ 유영태 저작권자와 맺은 특약에 따라 검인을 생략합니다.
ISBN 978-89-98432-22-5 17690

이 책은 저작권법에 따라 보호받는 저작물이므로 무단전재와 복제를 금지합니다.
이 책 내용의 전부 또는 일부를 이용하려면 반드시 저작권자와 인사이트북스의 서면동의를 받아야 합니다.

책값은 뒤표지에 있습니다.
잘못된 책은 구매하신 서점에서 바꾸어 드립니다.

육아부부의 사야이

글·그림
유영태

BASEBALL

인사이트
북스

작가의 말

〈에펨툰〉을 한참 그리고 있던 2012년 여름, 저에게 야구 만화를 그리자는 제의가 왔고 새로운 야구 만화를 그리고 싶다라는 생각에 조금은 무모하게 시작한 사회인 야구 만화 〈사야이〉가 이렇게 책으로까지 나오게 되니 뿌듯하면서도 어떨떨하네요.

《육아부부의 사야이》는 저처럼 야구를 잘 몰랐거나 처음 접해 보는 분들이 공감하고 즐길 수 있게 해 보자는 마음으로 만든 책입니다. 저처럼 사회인 야구를 시작하시는 많은 초보자 분들이 《육아부부의 사야이》를 보시면서 "나 같은 사람이 여기 또 있구나."라는 생각에 힘을 내는 계기가 되었으면 하고 사회인 야구를 오래하신 분들은 "나도 한 때는 저랬지."라는 마음으로 즐겁게 보셨으면 합니다. 《육아부부의 사야이》라는 제목에서 보듯이 이 만화는 육아와 야구가 메인 테마입니다. 청년에서 아버지가 되어 가는 과정을 느낀 그대로 최대한 솔직하면서도 재미있게 담아가려 하니 이 책을 보시는 사회인 야구 선수가 아버지가 될 때 《육아부부의 사야이》가 작게나마 힘이 되고 위로가 되길 바랍니다.

이 만화가 나오기까지 많은 도움을 주신 골닷컴 이철규 편집장님, 게임원 주형욱 대표님, DAUM 이승훈 차장님, 인사이트북스 식구들에게 감사 말씀 드리며 못난 감독 만나 고생하는 저희 팀 사야이 팀원들, 종오, 상민, 상도에게 고맙단 말을 전하고 싶습니다. 마지막으로 한나, 필상이, 부모님, 장인 장모님, 영주네 부부를 비롯한 우리 가족 친척들 모두 사랑합니다. 《육아부부의 사야이》 재미있게 봐 주세요, 고맙습니다.

유영태 올림

content

작가의 말 · 4

1
사야의 시작 · 9
야구의 재미
가장 무서운 공
리얼리티
같은 드라마를 봐도
오늘 아침, 산부인과를 갔는데
사회인 야구를 하면서
선수의 자격
장비를 구해 보자
팀을 구해 보자
취미의 비용
당신의 포지션은?
사회인 야구의 기록
Bonus Toon _ 타율을 올리자

5
오 마이 글러브 · 199
오 마이 글러브 1
오 마이 글러브 2
오 마이 글러브 3
오 마이 글러브 4
Bonus Toon _ 물형부

2
사야인의 길 · 33
카풀
까스 까스 까스
군산의 자랑
특기
즐거운 시간
지기엔 너무 좋은 날씨
Bonus Toon _ 서울 사람은 모르는 것들
송년회
1루수의 애환
3루수의 애환
외야수의 애환
포수의 애환
사야인 아내의 애환
Bonus Toon _ 초보라서 다치는 거야

6
사야인의 가족 · 253
곤란해 죽겠어
투수의 손재주
사야인의 아내
매형의 조언
숨겨진 고수들
사야인의 계절
Bonus Toon _ 남자의 주방

3
사야인에게 투수란? · 63
나도 투수다
나도 투수다 2
나도 투수다 3
나도 투수다 4
나도 투수다 5
Bonus Toon _ 초보 투수 유영태가 전하는 투수 레슨
Bonus Toon _ 경사 성애자
Bonus Toon _ 변화구가 필요해

7
사야인에게 프로야구란? · 269
모임 시간
자리 선정
인심 좋은 시범 경기
공부합시다
야구의 재미1
야구의 재미2
Bonus Toon _ 타석의 비밀

4
사야인의 계절 · 171
겨울에 야구할 장소
느낌 아니까
겨울에만 쓸 수 있는 비법
겨울에 야구를 하자니
유레카
야구의 재미
Bonus Toon _ 사야인의 계절
악몽 같은 주말
Bonus Toon _ 박차고 일어나

8
감독의 마음 · 285
야구 배트 특집
Bonus Toon _ 불합격 배트
유타의 생일
딱 한 달 남았어
야구를 못 나오는 이유
필요한 물건
노력의 대가
마지막 추억
Bonus Toon _ 선배들의 삶
감독의 마음1
감독의 마음2
Bonus Toon _ 감독의 마음

특별 부록 _ 사야이 Y-Diary · 349

1
사야의 시작

야구의 재미

유격수가 공을 잡을 수 있을까? ➡ 빠르고 정확하게 송구할 수 있을까? ➡
루수가 잡을 수 있을까? ➡ 에러시 투수가 미치지 않을 수 있을까?

모두가 끝났다 생각할 때

끝나지 않는 게

사회인 야구의 매력

가장 무서운 공

같은
드라마를 봐도

아내는 배우에 빠져서 본다.

아버지는 추억에 빠져서 본다.

난 장비에 빠져서 본다.

사회인 야구를 하면서

주말에 낮잠만 자던 내가 새벽에 일어나고

엘리베이터 기다리면서 가만히 있질 못하게 되고

처음보는 사람도 순식간에 친해지게 만드는

사회인 야구의 매력에 빠지고 싶은 사람은 이 만화를 따라 오세요.

야구는 보는게 아니라 하는거죠

★ 대신 가족, 애인, 친구와 멀어질 수 있습니다.

'팀 사야이 로고'

'팀 사야이 로고' 야구를 뜻하는 야구공,
팀의 모토 all for one, one for all,
만화를 뜻하는 펜촉을 넣어서
만들었습니다.

'사야이'의 뜻은 '사회인 야구 이야기'의 앞 글자만 딴 것입니다.

'팀 사야이'는 2012년 3월 네이트 스포츠 웹툰 '신혼부부의 사야이'에서 생긴 팀으로 작가보다 더한 운동치는 없겠지 하는 생각에 아무나 오라 했더니 진짜 아무나 와서 작가 같은 운동치들만 모인 팀으로 같은 해 6월 2일 창단, 현재까지 운영되고 있는 사회인 야구팀입니다.

※ 로고 및 유니폼 디자인은 와이프, 유니폼 제작은 게임원(원샵)에서 했습니다.

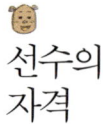
선수의 자격

그저

장비를
구해 보자

만약에
당신이 사회인 야구를
시작한다면

필요한 장비는
무엇일까요?

무조건,
꼭 구입해야 하는 것이

글러브입니다.

일반적으로
연식과 경식 글러브로
나누는데

우리 팀의 엘리트, 신우순의 말에 의하면

어떻게든 우겨서라도 잡는 걸 좋아하는 미국은 부드러운 '연식'을

기본자세를 중시하는 일본은 단단한 '경식'을 선호한다고 합니다.

그 중에 어떤 글러브가 좋은 글러브냐면…

비싼 글러브.

흔들흔들

이상하게 비싼 글러브는 공이 알아서 들어오더라

죄송합니다, 이 양반이 요즘 임신 스트레스로 미쳐서..

글러브는 조만간 특집으로 한번 다룰게요

놔! 임신이 무슨 벼슬이냐!!

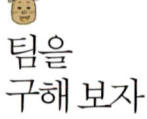
팀을 구해 보자

야구를 같이 할 팀을 찾는 법은 검색창에 '게임원'이라고 치면 사회인 야구 대표 사이트가 나오는데

이 중 선수 모집란에 본인 지역이나 성향에 맞는 팀을 고르신 후 신청을 하면 대부분의 팀들은 가벼운 면담 후 가입이 완료됩니다.

야구를 해 본 적도 없고 초보라 해도 걱정하지 마세요. 들어가면 코치들이나 다른 선수들이 자세히 알려 드릴 겁니다.

모두가 가르친다는게 함정.

배트나 헬멧 같은 장비는 팀 장비로 있으니 처음부터 구입하지 않으셔도 됩니다.

취미의 비용

당신의
포지션은?

사회인 야구의 기록

대부분의 사람들이 사회인 야구가 체계 없이 대충 하는 줄 아시는 분들이 많은데

결코 그렇지 않습니다.

경기마다 정식 자격증을 가진 심판들이 함께 하고요.

실시간 기록을 등록해 주는 기록원도 있습니다.

이들은 우리 사회인 야구를 더욱 풍성하게 만들어 주는 사람들로서

사회인 야구의 재미를 한껏 올려 주죠.

참고로 이건 올해 제 기록입니다.

음...

타율이 0.316이군요.

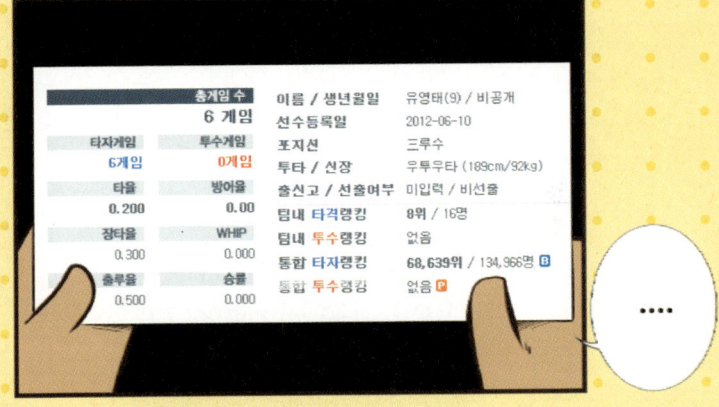

2014년 6월 현재 타율 0.200

사회인 야구 타율은 처음이
가장 좋고 배울수록 줄어든다더라.

2
사야인의 길

카풀

사회인 야구에는 먼 길을 같이 가는 '카풀' 문화가 있다.

경기장이 주로 지방에 있다 보니 교통비도 아낄 겸 같이 차를 타고 가는 따뜻한 문화가 있는데,

이게 사야인의 정 아니겠는가.

운전자만 빼고 나누는 정

까스까스까스

하지만 절대로 뀐 놈은 나오지 않는다.

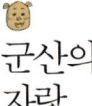

군산의 자랑

공주가 군산에게,
시골이 지방에게
전국이 함께하는 사회인 야구.

특기

040

군대 이후로 각 지방의 사람을 만날 수 있다는 것도
사야의 매력!

즐거운 시간

지기엔 너무
좋은 날씨

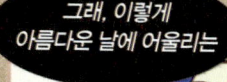

이 말도 놀라웠는데

그럼 쑥이 어디서 나? 엄마가 쑥 좀 뜯어와라 하면 마당 가는거죠

이건 뭔 소리 당가...

하긴, 나도 속초 살 때 오징어 다섯 마리를
만원에 먹다가 서울와서
한 마리 만원 주고 먹으려니 손 떨려서
못 먹겠더라.

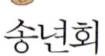

송년회

10승이나 99승이나 같은 두자리.

전쟁은 시작 되었다.

1루수의 애환

※사실 1루에 있다보면 직선 송구는 거의 없고 대부분이 변화구처럼 휘어져서 온다.

하지만 그중에도 가장 힘든 건...

3루수의 애환

"3루수 대표 유영태, 한마디 하겠습니다."

"왜 당신이 대표야?!!"

"자, 다같이 눈을 감고"

"제 말을 떠올리며 상상해 봅니다."

"투수가 온 힘을 다해 공을 던집니다."

"그 강속구를 상대팀 4번 타자가 **부모 죽인 원수** 치듯이"

"온 힘을 다해 당겨 칩니다."

"그런데 그 공이 3루쪽 땅볼로 오는데"

내 앞에서 불규칙이라면?

이빨 안 날아가면 다행.

실밥 소리를 들어 보지 못한 자
3루를 논하지 말라.

외야수의 애환

공이 태양에 가려도 집중 안 한 탓이오, 공이 구름에 가려도 집중 안 한 탓이란다.

포수의 애환

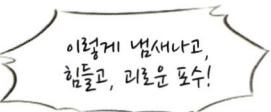

사야인 아내의 애환

무슨 소리들을 하는 거야?
가장 힘든 포지션은 사야인의 아내지.

경기 끝내고 오면 빨랫감만 수두룩!

유니폼
언더셔츠 상, 하의
바람막이
양말, 아대

가끔 비가 와서 야구 못하고 집에 있는 주말은

남편~ 주말인데 남양주 놀러가자.

차 막혀. 집에서 쉬자.

그 중에 가장 짜증나는 건!!

3
사야인에게 투수란?

나도 투수다

나도 투수다 2

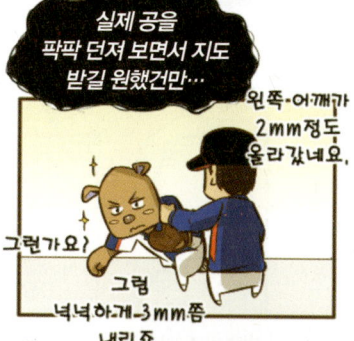

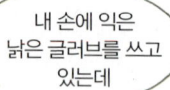

수백번도 더 보던 마운드가 갑자기 성스러워 보였다.

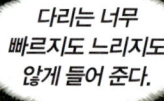

돈 버린 거 같아.

투수 데뷔까지 D-4

나도 투수다 3

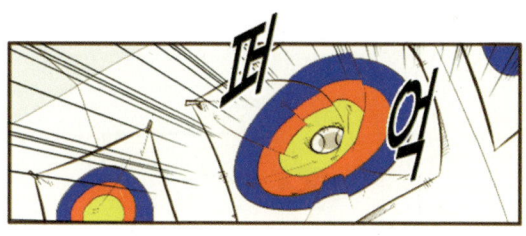

진짜 다 이뤘다고 생각하는 순간
처음으로 돌아가는 그 기분이란…

하나를 배우면 하나를 까 먹는
내 몸에게 이해시킬 자신이 없으면

암기라도 시켜야 한다.

그리고 내 마음대로
움직이지 않는 내 몸을 체크해 줄
코치가 있어서 다행이었다.

나는 분명히 높은 데서
던졌는데 계속 낮다고 말해 주는
코치가 없었다면

영태씨가
생각한거보다
더 높에서
던져야 해요.

그때는 그게 무슨 말인지 몰랐다.

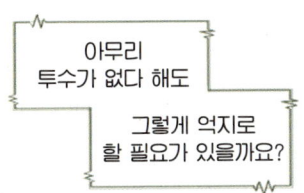

나도 투수다 4

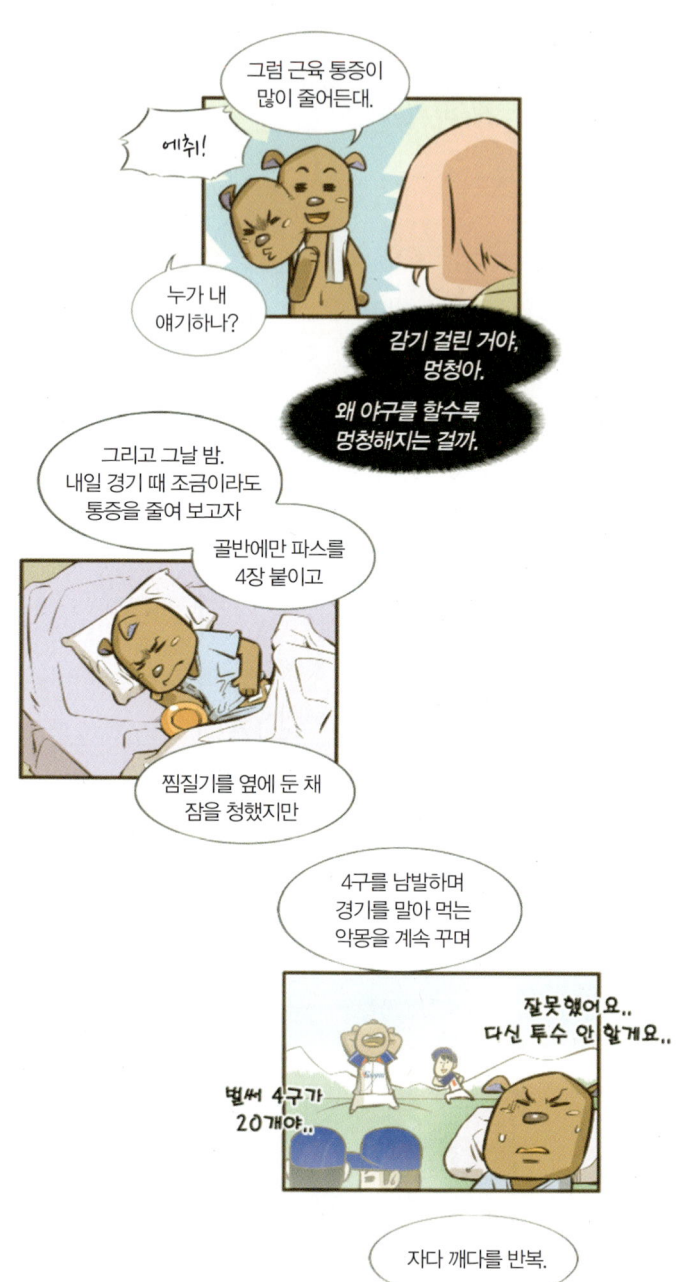

그렇게 불안한 마음을 가지고 시작한 리그 데뷔전

처음으로 이 녀석들에게
감동을 하고 있을 때쯤

2사 2, 3루의
중요한 찬스, 외모만 보면
멕시코 용병

'표명석'이
타석에 들어갔다.

그리고 역시
선진 야구를 하는
용병답게

6 표명석(14) 포땅

생전 듣도 보도 못한
'포땅'을 치며 기회를
날려 먹었다.

야이 명총아!
그걸 스윙이라고
한 게야!!

고향으로
돌아가고
싶어?

포 임마!

죄송합니다.

다들 조용히 해.

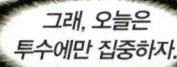

하지만
채 고민이 끝나기도 전에
경기는 시작되어 버렸다.

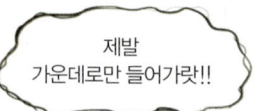

내 공이 생각보다 제구도 되고 위력도 있는 건가?

그런데 어떻게 원하는 대로 한가운데 쏙 들어갔지?

손? 아님 발 모양?

아니야, 어떻게 들어갔는지는 중요하지 않아.

배운 대로, 배운 대로만 던지면 공은 가운데로 들어가는 거고

그럼 마운드고 리그 최강 팀이고 날 막을 수 없는 거야!

주자 1루

그래, 겨우 1루타로 막은 거면 잘 막은 거지.

그리고 대부분의 초보 투수들은

여기서 긴장감에 생각이 좁아져

견제 생각을 못하겠지만 난 감독 출신 투수.

살짝 견제 모션을 취해 줘서 도루도 막고

내가 호락호락한 놈이 아니라는 걸 보여 준다.

물론 공은 놓칠 수 있으니 던지지 않는다.

우훗^^

주자가 있다는 걸 까 먹었다.

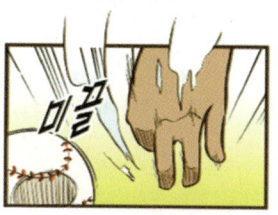

내 운명이
중견수 쪽으로 날아가고 있었다.

나도 투수다 5

발 빠르게 낙하지점 못찾는 중

마운드에서 보니 더 잘 보이는구나

이런 전망 좋은 마운드 같으니라고

1루타 등

다양한 안타를 맞았지만

결코 흔들리지 않았다.

사실 이 정도 맞을 거란 건

미리 예상했던 일이고

내가 투수한다는 거 자체가 팀에 A급 자원이 부족하다는 것인데

이 정도 안타 맞는 것과 실수쯤은 감수해야지.

믿었던 멸치의 배신에 당황했던 것일까?

첫 4구와 두 번째 4구가 연이어 나왔다.

알을 깔 거면 시원하게 깐다

투수 잡는 멸치

갑자기 옛 투수들이 떠올랐다.

분위기를 탔는지 친구따라 강남 가는 건지

그때 깨달았다.

사람들은 '더 지니어스'에서
사야인들은 '마운드'에서 깨달음을 얻는 듯하다.

투수 죽이는 1루수

참회의 마운드

그리고 다시
타자와 승부하자

볼 던지면 거르고
가운데로 던지면 쳐버리고

환장하겠네.

어디서 들은 듯한데?

수비를 믿을 수도 없고
어떻게 공략하면 좋을까?

어??
왜 이렇게 흐릿하지?

피곤해서
집중력이
떨어졌나?

시야가…

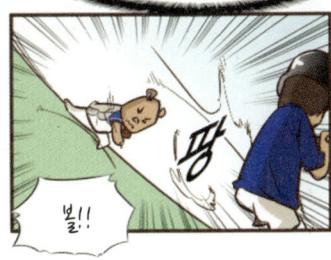

내 투수 실력만큼 관대해지자 생각했다.

국민이 그들 수준에 맞는 정부를 가지는 것처럼

투수도 본인 수준에 맞는 수비진을 가지는 것이 옳은 게 아닐까?

딱 이 정도 멤버가 나도 야수들도

서로 미안해하지 않을 것 같다는 생각이 들었다.

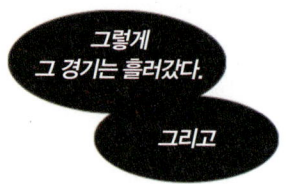

그날밤.

선수	결과	이닝	타자	타수	피안타
유영태(9)	패	3	41	0	35

피홈런	희타	희비	볼넷	사구
0	0	0	6	0

그렇게 두 번 다시 마운드에 서지 않겠다는
다짐을 하면서

N	P	선수	1	2	3	타수	안타	타점	득점	도루	타율	시즌
1	미	전하정(78)	우안 4구 삼진	우중안	4구	3	2	3	3	1	0.667	0.600
2	미	최성원(9)	2루타 인풋 2루타	좌안	4구	4	3	3	3	0	0.750	0.662
3	미	이지성(65)	3루타 4구 유땅	유실	2루타	4	2	3	4	1	0.500	0.378
4	미	한경남(3)	좌중안 좌중안	좌중안 3실	4구	4	3	3	4	2	0.750	0.651
5	미	공기영(10)	좌안 3실	좌중안		3	2	0	3	1	0.667	0.354
5	미	이상권(19)		1실	중안	2	1	1	0	0	0.500	0.324
6	미	이재식(33)	중안 3루타	유땅 유실	유땅	5	2	2	2	1	0.400	0.310
7	미	이경권(74)	1루타 2루타	4구 삼진		3	2	3	3	1	0.667	0.316
8	미	전상팔(35)	3실 유실	1루타 삼진		4	1	1	3	0	0.250	0.370
8	미	강두환(11)				0	0	0	0	0	0.000	0.750
9	미	정우열(49)	4구 1루타	중안	3플	3	2	1	2	0	0.667	0.333
					합	35	20	20	27	7	0.571	0.461

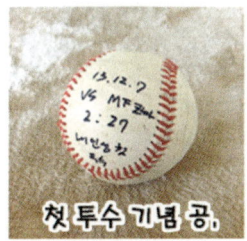

첫 투수 기념 공.

내 투수 인생은 막을 내렸다.

하지만

그렇게
쉽게 끊어지지 않는 게
투수병이더라.

Bonus Toon
초보 투수 유영태가 전하는 투수 레슨

제가 배운 투수 레슨을 여러분들에게도 전달해 드릴게요.

포즈는 멸치군이 도와주겠습니다.

당신들은 유영태의 첫 제자~♡

며칠 배우고 가르치다니, 그게 말이 돼요?

원래 쌩초보는 쌩초보가 가르치는 게 편해.

다행히 니 폼도 구리니까 동질감도 많을 거고.

정석 같으면서도 살짝 모자리 같은 게 딱이야

그럼 니 폼으로 해야지.

자, 그럼 '초보 투수'를 위한 레슨을 시작하겠습니다.

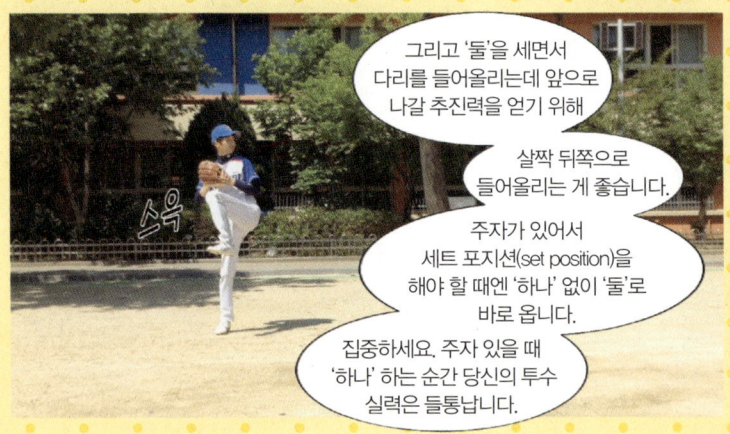

당신의 가냘픈 허벅지가
당신의 체중을 버텨 줘야 합니다.

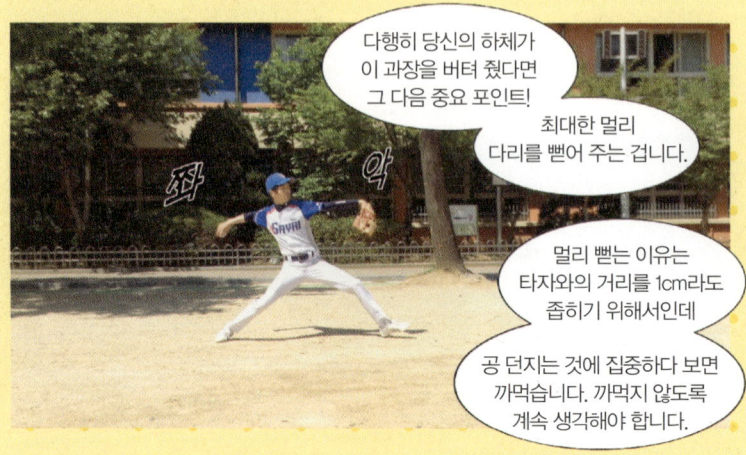

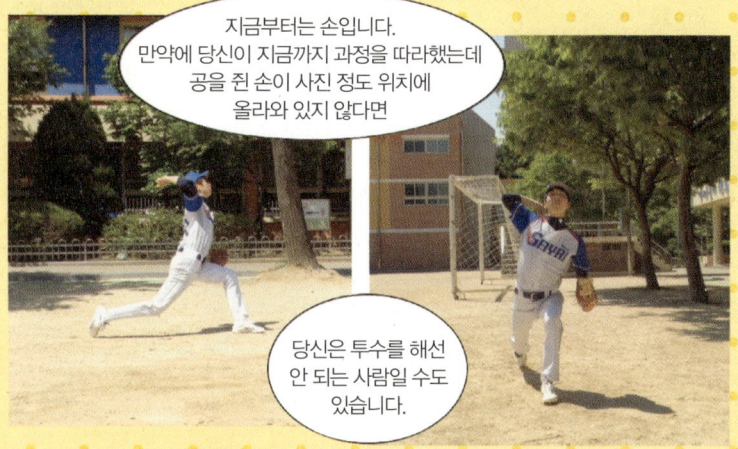

그리고 마지막으로 중요한 것 하나!

간혹 독특한 폼으로 잘 던지는 투수들이 있는데

그래봤자 '꽈배기 마구왕'이라는 소리나 들을 뿐입니다.

Bonus Toon
경사
성애자

작은 경사

큰 경사

발판 있는 경사

경사만 보면
투구 자세를 취하게 되었어

투수 해 본 사람들만 느낄 거야

Bonus Toon
변화구가 필요해

〈육아부부의 사야이〉 '나도 투수다 5' 중에서

H2(33권) 중에서

저희 팀 투수가 잡는 슬라이더

검지로 튕기는 스타일

오승환 선수가 잡는 슬라이더

손가락 두개를 나란히 붙이는 스타일

손이 작은 선동렬 감독이 잡는 슬라이더

검지를 중지위에 살짝 겹쳐 얹는 스타일

이렇게 본인에게 맞는 그립으로 바꿔서 던지는 게 요령이니 변화구를 연습하는 사·야 선수들은

교본대로 했는데 안 된다고 쉽게 포기하지 마시고

조금씩 잡는 위치를 바꿔가면서 꾸준히 연습해 보시길 권합니다.

4
사야인의 계절

겨울에 야구할 장소

팀 사야이 우선 순위
돈 > 시간(유부남 기준) > 건강 > 인권

느낌 아니까

이렇게 다 해도

이 추위는
한겨울에 새벽 근무 나가면 느끼던 그 추위야.
방한복 열라 껴 입어 봤자
뼛속까지 시리던 그 느낌 알잖아.

고X가
새끼손가락 만해지지.

겨울에만 쓸 수 있는 비법

반발력이 늘어난단 말이지

겨울에 야구를 하자니

손가락은 꽁꽁 얼고

야구하기도 불편하고

심지어 위험하기까지 한데

유레카

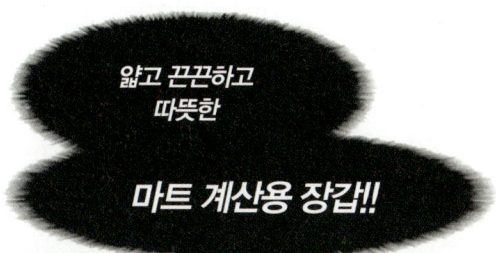

약간 미친놈 쳐다보듯이 보셨다.

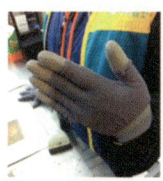

얇고 쫀쫀하고 따뜻한 마트 계산대 장갑
그런데 검색창에 뭐라고 쳐도 안 나온다.

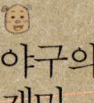
야구의 재미

감독님, 사람들에게 사회인 야구를 알리자면서 이렇게 안 좋은 얘기만 하면 어떡해요.

얌마, 이제 겨울 다 끝났으니까 하는 소리지. 이제 야구해도 안 추워.

아, 그럼 그래서 그런가요?

이번주 토요일 , 포천 파워리그 경기가 아침 7시로 잡혔습니다.

+가는데 1시간 반,
+몸풀 시간 30분,
+5시 출발,
=최소 4시반 기상.

주간게임일정		MORE ▶
02/08 07:00	팀 사야이	공공의적61
02/08 09:30	레전드 매	Gentleman
02/08 12:00	독립영화인	앤틀러스루
02/08 14:30	overruns	해슬레인보
02/09 07:00	판타스틱	PERFECT ST

2월 초에 포천에서
아침 7시 경기면 얼어 죽으란 소리냐.

덕아웃에선 남극 펭귄대형

아니, 그래도 겨울인데
아침 7시에 해가 떠?

춥고! 어둡고!
겨울 야구의 끝판 왕이냐?!!

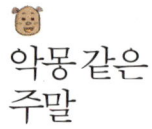

악몽 같은 주말

마지막 원아웃을 잡지 못하고 연이어 볼넷을 주다가

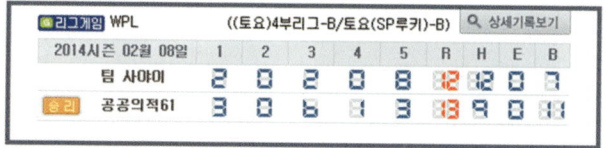

밀어내기로 패배

그리고 그 다음날

용야구와 합동 연습을 하기로 했는데 이것들이 안 나와서
남자 셋이 커피가 싼 KFC에 들어와 핫초코 마시는 중.

팀은 졌지만 나는 이겼다 이런 느낌?

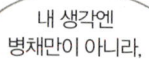

순위	팀명	게임	승	패	무	승률	승점	승차
1	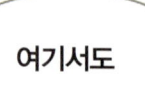 공공의적61	1	1	0	0	1,000	3	0
2	팀 사야이	1	0	1	0	0,000	0	1

그렇게 개막전 역전패의 충격으로
헛소리만 늘어놓다가 주말도 안녕.

5
오 마이 글러브

오 마이 글러브 1

월요병이 도진 권태로운 아침

이때 내 마음속에서 우리 형편은 서민에서 중산층으로 UP!

어떤 놈을 만나게 되려나 ♡

이놈도 결국 어쩔 수 없는 사회인 야구 환자.

오 마이 글러브 2

남자들끼리 쇼핑으로 수다떠는 보기 드문 모습

그렇게 도착한 FSK 매장

또다시 느끼는 성공의 필요성

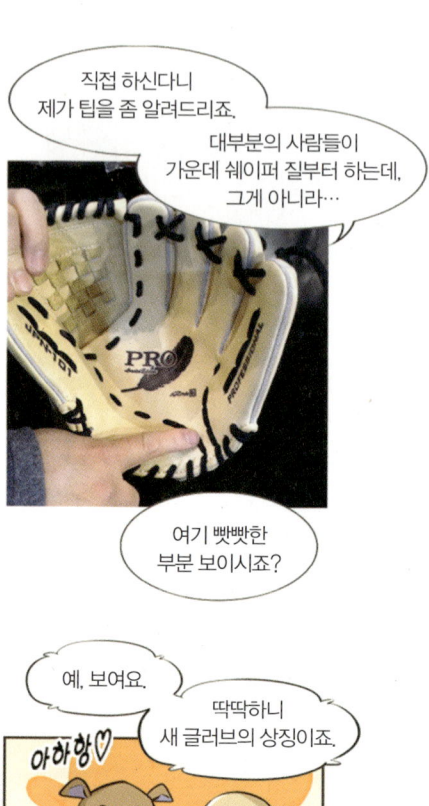

글러브가 접힐 때 내 척추가 접히는 거 같았다.

오 마이 글러브 3

어디서 손도 넣어 보지 못한 새 글러브를!!

바둥 바둥

새 글러브는 처음 길들이는 게 중요한 겁니다.

대부분의 사람들이 쉐이퍼질 하면 가운데만 신나게 치곤 하는데

그렇게 하면 좌우측 길각을 잡을 수가 없어요.

글러브마다 조금씩 다르긴 하지만 기본적으로는 다 비슷합니다.

우선 새끼손가락 꺾이는 부분을 접어서 쉐이퍼로 쳐 주고

반대쪽 엄지가 꺾이는 부분도 접어서…

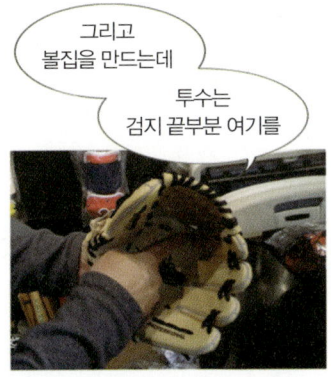

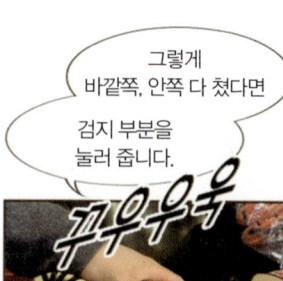

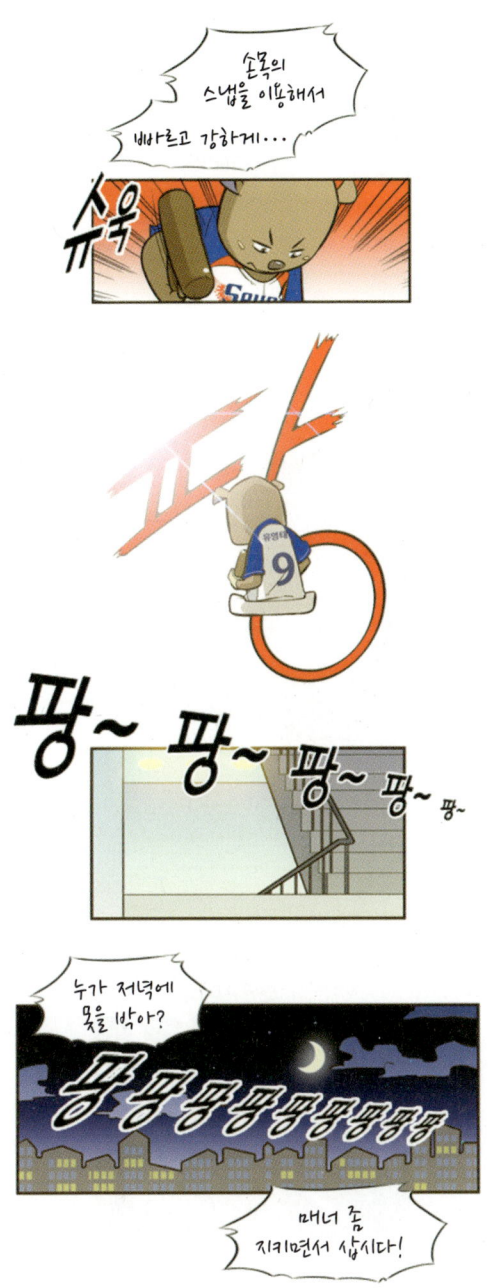

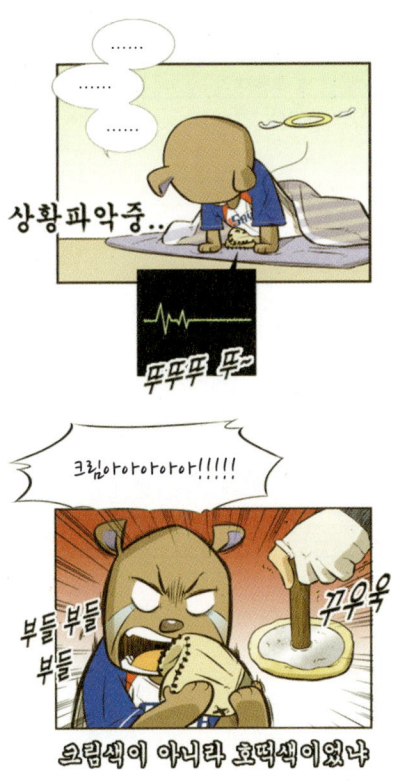

오 마이 글러브 4

대낮에 인상 쓰며 흉기(?)로
지나가는 사람들 위협 중

잊지 않겠다. 우성 4차···

사실 보는 순간 알았다.
지워지지 않을 거란 걸.

오랜 시간 자연에 방치된 콘크리트 위에
쌓였던 때가 내 크림색 글러브에 스며들었다.

모든 때는 WD로 닦는 군대에서
생긴 나쁜 습관 덕분에
글러브에 부분 광택이 더해졌고

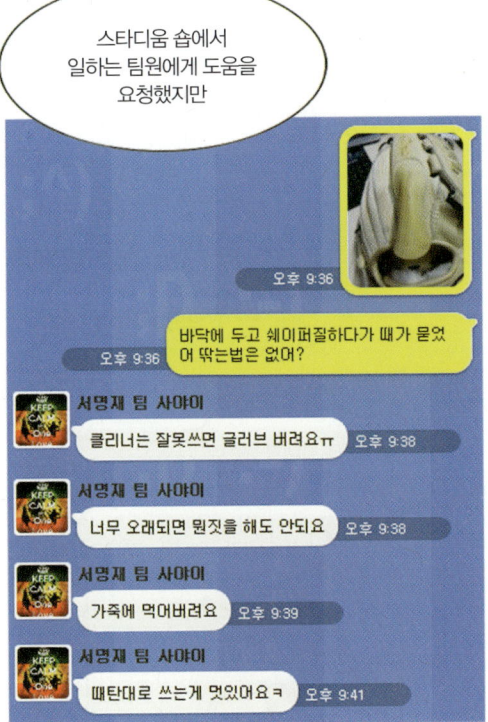

이 자식의 새 롤링스 글러브도
꼭 멋있게 만들어 주겠다고 다짐했다.

생각해 보니 당연한 거였다.

이 얇은 가죽 한 장 손 위에 올려 두고 몽둥이로 있는 힘껏 쳤으니 손이 말짱할 리가 없었지.

안 되겠다. 캐치볼로 해야겠어.

고생해서 길들여 남 좋은 일 시키는구나.

갑자기 밀려오는 회의감

많은 길들이기 동영상들을 찾아보면서 따라했고

블로그, 카페 등 다양한 사람들의 길들이기 법을 참고하며 공부하기도 했다.

그렇게 하다 보니 내 손 크기에 맞는
각도를 찾을 수 있게 되었다.

내 손은 왼쪽보단
오른쪽 선을 기준으로
꺾는 게 맞는 거 같아.

길들이기는 야구 외적으로도 나에게 많은 도움을 주었는데
특히 부부 싸움할 때 큰 도움이 되었다.

화를 참는데 도움이 되더라.

이사를 갈 때도 귀중품은 안 챙겼지만 글러브는 챙겼다.

그렇게 언제나 길들이기와 함께하자

글러브가 조금씩 편해지기 시작했고
조금 더 편해질 때 쯤

승리 투수가 되었다.
(비록 연습 경기지만)

6
사야인의 가족

곤란해 죽겠어

투수의 손재주

사기 같은데 왠지 멋져 보임

마음 편히 야구할 땅 한 평이 없구려

사야인의 아내

한마디도 대꾸할 수 없었다

이렇게 쪼임 당할 땐 낭떠러지에서 차이는 기분

네 잘못을 얘기하려면
난 랩퍼처럼 떠들 수 있지!

문제는 암만 떠들어도 망할 돼지가 안 고친다는 거지!

매형의 조언

하지만
까닥 잘못하면 그냥 노예.

노예 12년

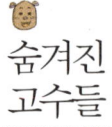

숨겨진 고수들

쭈야. 사촌 누나(매형과 사내 부부)

사야인의 계절

Bonus Toon
남자의 주방

세상아 멈춰라

7
사야인에게 프로야구란?

모임 시간

김밥 아주머니도 세팅 전

기나긴 기다림 후 입장.

자리 선정

감독님! 야구장의 꽃은 내야 1층이죠!

선수들의 생생한 숨소리를 들어요!

무슨 소리야! 외야에 앉아야 시끄러운 응원에 휩쓸리지 않고 야구를 볼 수 있는 거야!

멍청이들아! 야구 보기엔 포수 뒤 2층이 최고지!!

감독님 여기로 하죠! 감독님?!!

야구장의 꽃은 여기 아닌가

마왕이 동면에서 깨어났다.

인심 좋은 시범 경기

여기서 손해를 메우는구나.

참참참참참참참

이미 입장권 가격 초과

공부합시다

야구의 재미 1

가만히 앉아 있는데 공이 손 안으로 들어옴.

야구의 재미 2

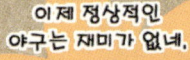

되긴 개뿔

8
감독의 마음

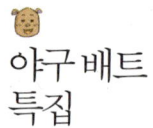
야구 배트 특집

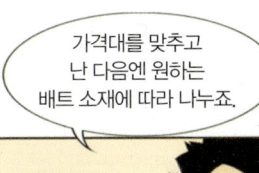

컴포짓은 알로이와 카본의 중간 정도로 보면 됩니다. 치면 팡 소리나죠. 보통 개인 배트로 제일 많이 쓰는 애들이 컴포짓 계열입니다.

박병호 배트는 풀 카본

카본은 반발력이 죽여요. 치면 퍽퍽하고 소리 나는 애들이 그거고요. 대신 내구성이 좀 떨어지는 게 단점이죠.

그리고 컴포짓이랑 카본에만 해당되는 건데 '트렘플린 효과'라고 흔히 배트를 길들인다는 게 있어요.

카본 소재가 사용하면 조직이 깨지면서 트렘플린 같이 팡팡 튀게 변합니다. 그래서 쓰면 쓸수록 좋아지는 거죠.

그래서 컴포짓배트의 반발력이 가장 클때는 깨지기 직전.

이건 '원피스'와 '투피스'로 나눈 겁니다.

카탈리스트 (원피스)

13년 부두 (투피스)

그 다음은 드랍을 나눌 수 있는데요.

무게에서 길이를 빼면 나오는 게 드랍입니다.

길이 33인치 무게가 28온스니 "-5드랍"

이건 32인치에 24온스를 빼니 "-8 드랍"

보통 358 이렇게 많이 쓰죠. 마이너스(-)가 클수록 가벼운 배트예요.

무게는 클수록 힘이 세지니까 비거리가 늘어납니다.

$F=ma$ 로 생각하시면 돼요

그 다음은 배트의 무게중심이 '탑'에 있느냐 '미들'에 있느냐로 나눌 수 있습니다.

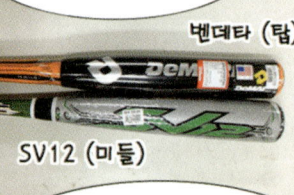

벤데타 (탑)

SV12 (미들)

무게가 머리쪽에 있으면 탑이고 손잡이쪽으로 내려올수록 미들 탑, 미들 이렇게 내려가는 거고요.

쉽게 망치랑 오함마라고 생각하면 됩니다.

오함마가 센데 정확하게 때리기는 힘들잖아요.

탑이 그런 스타일이고

그런데 이 느낌은 본인이 휘둘러 봐야 알아요.

미들 탑, 미들은 망치로 보면 돼요.

정확하게 컨트롤하기가 좋은 거죠.

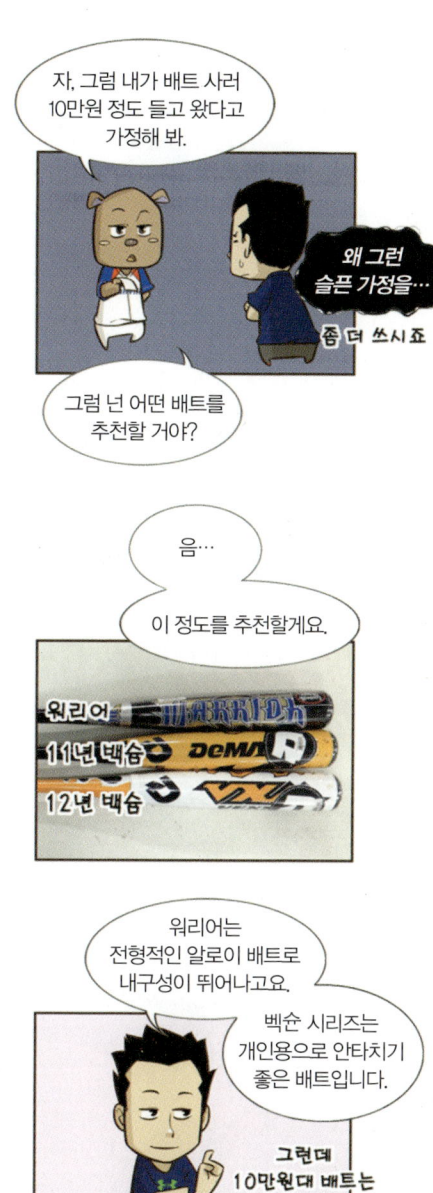

내가 번 돈 내가 못 쓰는 게 함정.

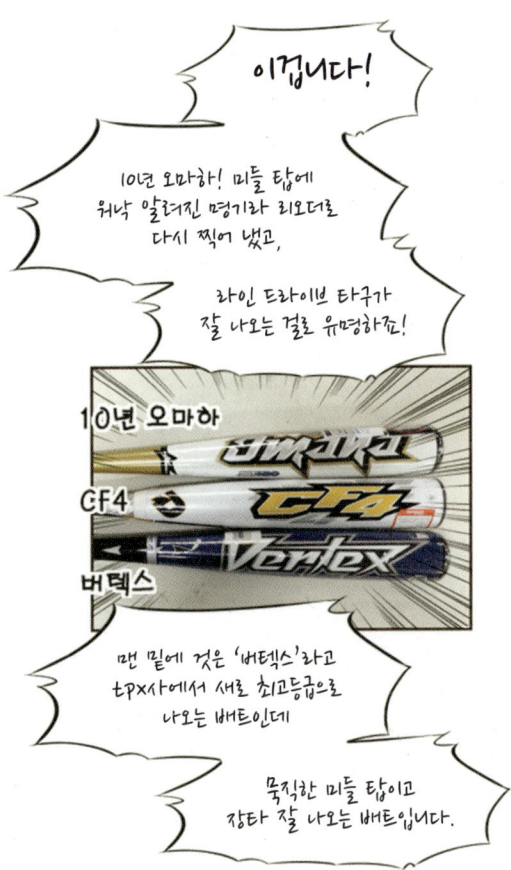

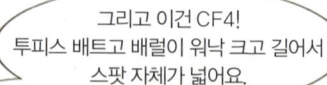

잡스의 한마디

요즘 무조건 비싼 거, 좋은 거 찾는 사람이 많아요.
비싼 배트, 반발력 좋은 배트, 남들이 쓰는 배트가 좋은 게 아니라
본인에게 맞는 배트가 좋은 배트입니다.
다른 사람들 것 허락받고 한번씩 돌려 보고
오프라인 가서 여러 가지 잡고, 돌려 보고
자기에게 맞는 배트를 찾으세요.
그게 본인에게 맞는 좋은 배트입니다.

유타의 생일

태명: 유타 (유영태 안타)

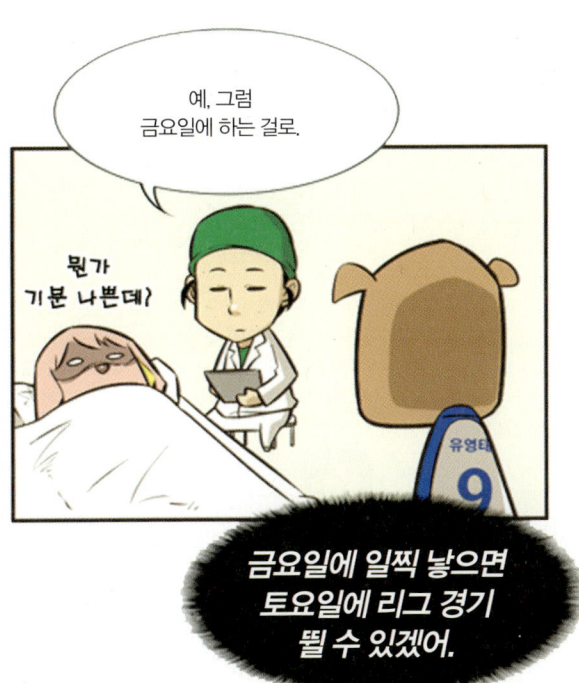

이때
내가 진짜로 사회인 야구에 미쳤구나라는 생각을 했다.

딱 한 달 남았어

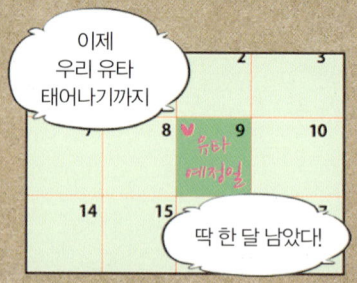

야구를 못 나오는 이유

필요한 물건

여자란 방심하면 안 된다.

사야인이란 틈을 주면 안 된다.

내가 생각하는 완벽한 육아 환경

노력의
대가

원래 '토요일만' 나가는 건데 '토요일에만' 나가기로 합의 봤다.

마지막 추억

과연
유타에게 멋진 아빠의 모습을 보여 줄 수 있을 것인가?

네티즌의견(총 **61**개)   등록순 ▾   추천순 ▾ | 내 댓글 목록

 심시미™**님** 다른 댓글 보기

애 낳으면 야구따윈 TV로만 봐야해요. 애 안보면 와이프가 얼마나 짜증내는 데요.
만약 애 안 봐주면 부부싸움할 때마다 그 이야기가 나옵니다. 여자들.. 평생 기억해요.

그리고 주말엔 친가 처가 친척들 로테이션 돌거나 집에서 자고, 주중엔 퇴근해서 애 보는
게 정석트리입니다. 2014.04.11 | 신고

● BEST

답글 7 ▾    69   6

┗ **KAIT님** 다른댓글보기
애 정서에 TV 좋지 않다고 치워버려서 중계따위도 못봐요..ㅋㅋㅋ 2014.04.15 │ 신고

┗ **정경원님** 다른댓글보기
야구는 결과만 스마트폰으로 잠깐 확인하는 겁니다. 티비로 보다니요... 2014.04.25 │ 신고

dbw님 다른 댓글 보기

이제 70일 된 아기 아빠입니다... 우선 아빠의 세계에 오신걸 환영하구요. 이제 스팩타클 하고 다이나믹한 육아의 세계에 들어오시게 된겁니다. 야구요??? tv로 라도 볼수 있음다행 ㅜㅜ dmb나 핸드폰 인터넷으로 볼수라도 있으면 다행입니다. 조금이라도 까칠한 아이가 태여났을시 온갖 수발에 산후우울증까지 조심하다보면,,, ㅎㅎㅎ 어느새 아빠가 되어있을 겁니다.,, 2014.04.11   신고

● BEST

답글 0 ▼   👍 20   👎 0

ㄴ 심시미™님 다른댓글보기
맞아요. 애 정서에 TV 좋지 않다고 치웠다는 리플 보니까 기억나네요. 울 와이프는 전자파 때문에 애 근처에선 스맛폰으로 겜도 못하게 했어요. ㅋㅋㅋㅋㅋㅋㅋㅋ 2014.04.20
신고

선배들의 조언으로 미래를 그려보았다..

감독의 마음 1

팀 사야이 vs 용야구의 7차전 경기가

야남드를 통해 중계가 확정되었다.

TV로 방송되는 경기다 보니 꼭 이겨야 한다는 생각에

베스트9을 뽑아서 나가는 거야!

지면 끝이야! 야구에 아름다운 패배 따위 없어!!

크오

초호화(팀 사야이 기준) 멤버를 짜서 용야구 따위 밟아 주겠어!

하지만

그래서 야남드 작가님에게 물어봤다.

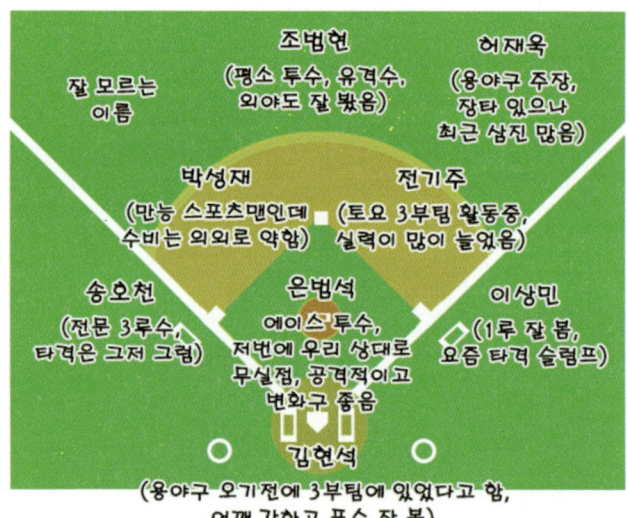

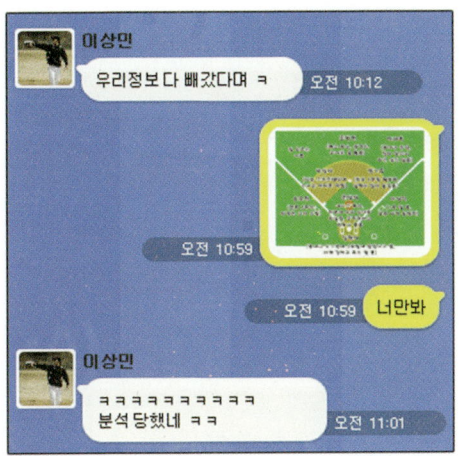

뒤늦은 보안 의식

이게 바로
사회인 야구 감독만이 할 수 있는 독특한 고민.

이상민한테 문자를…

> 오후 4:50 아, 선공 후공 정할까?

이상민
그날 가위 바위 보? 오후 4:51

> 오후 4:54 우리가 초대한거니 니가 하고싶은걸로 고를수있게 해줄께ㅋ

> 오후 4:54 이정도 배려는 해줄수 있어ㅋㅋ

> 오후 4:55 아니면 우리가 홈 같은거니 말공?

이상민
그래ㅋ 형네가 말공해ㅋ 오후 4:56

> 오후 4:57 ㅇㅋㄷㅋㅋㅋ

이상민
ㅋㅋㅋ혹시 끝내기 역전 이런거 꿈꾸시는건 아니죠????????????????????? 오후 5:06
뜨끔

> 오후 5:07 존나 간지나게 말공격 안하고 이길려고.

이상민
ㅋㅋㅋㅋㅋㅋㅋㅋㅋㅋㅋㅋㅋㅋㅋㅋㅋㅋㅋㅋㅋ 오후 5:17

좋아, 후공 선택 완료!

딱

게다가 이러면 주전, 비주전 경기를 많이 내보낼 수도 있겠어!

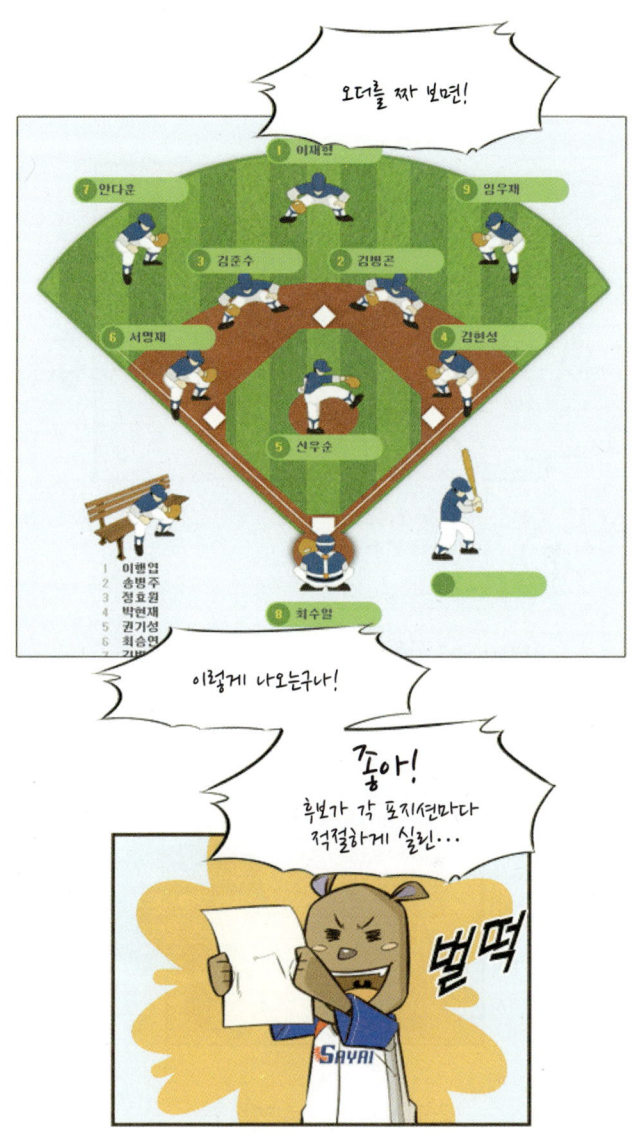

사회인 야구 감독님들을 만나면 항상 물어보는 게
"그쪽은 오더 어떻게 짜요?"다.

그럼 항상 돌아오는 대답들은
"저도 미치겠어요."였다.

아홉명이라도 행복한게 어디야

오늘도 승부와 화합 사이에서
갈등하고 있는 수많은 사.야 감독들이여
힘내시길...

으허허허허

만점 답안지를
냅두고 60점짜리를
내는 기분이란..

당신이 오더를 봤는데
구멍이 없어 보인다면 당신이 구멍

- 사.야 구멍 보존의 법칙 -

감독의 마음 2

경기 전
감독의 임무 중 하나는

선발 멤버들의 컨디션을
확인하는 것이다.

경기 직전까지 계속
배트 휘둘러 둬.

하지만 벤치에서
시작하는 멤버들을 마주칠 땐

좀 뻘쭘하다.

컨디션 점검이 끝나면 주전들에게 가벼운 펑고를 쳐 주며 몸 상태를 확인한다.

내야 펑고를 쳐 주고 나면 왠지 투수에게 기대고 싶은 마음이 생겨 투수 공을 확인한다.

솔직히 봐도 잘 모르겠다.

그래서 물어본다.

나는 지난 3년 동안 오늘 공 별로라고 말한 투수를 단 한 명도 본 적 없다.

그래서 포수에게 살짝 물어본다.

우순이 공 어떠냐?

오늘 좋은데요?
완투 하겠어요.

이자식은 한패다.

그라운드에 믿을 놈이 하나 없다.

수비는 믿을 수 없고, 투·포수는 거짓말을 하니 뭘 보고 준비를 해야 할꼬.

이건 뭐 운칠기삼도 아니고..

그렇게 서로를 이용하고 있는데

사회인 야구 감독이란 마치 야구와 축구 감독을 섞어 놓은 거 같다.

토스 베팅 가능한 경기장 어디 없소.

경기 직전에 마지막으로
오더 발표를 해 주는데

1번 중견 멸치

예.

2번 2루 병곤

예.

3번 유격 준수,
4번 1루 헌터…

여기서 마지막
갈등의 순간이 온다.

7번 좌익

원래는 안다훈인데
지금이라도 박현재로
바꿀까?

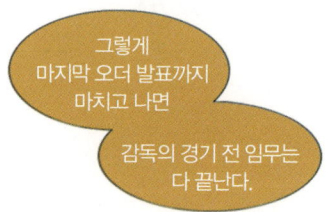

그래도 오늘보다 내일이 더 나아지겠지.

신나게들 놀다 와라.
이 똥강아지들아!

감독에게도 따스한 손길을..

대한민국 최초로 사회인 야구에 기록이란 시스템을 만들어준 사이트이자 사야이가 이렇게 잘될 수 있게 해 준 게임원.

팀 사야이 초창기 연습 사진

이때 코치로 남종오, CSM의 윤상도, 용야구의 이상민이 번갈아가며 야구하는 법을 가르쳐주었다. 처음 시작할 때 기초를 탄탄하게 해야 좋은 팀이 된다던데 이들에게 기초를 배워서 팀이 약한 게 아닐까.

저희는 가족이나 여자친구가 놀러오면 시구나 시타를 권장하고 있습니다.
사회인 야구가 우리만을 위한 추억이 아닌
우리 모두의 추억이 되길 바라기 때문이죠.
그런데 시구한 애들이 거의 다 헤어져서 쓸 사진이 없네.

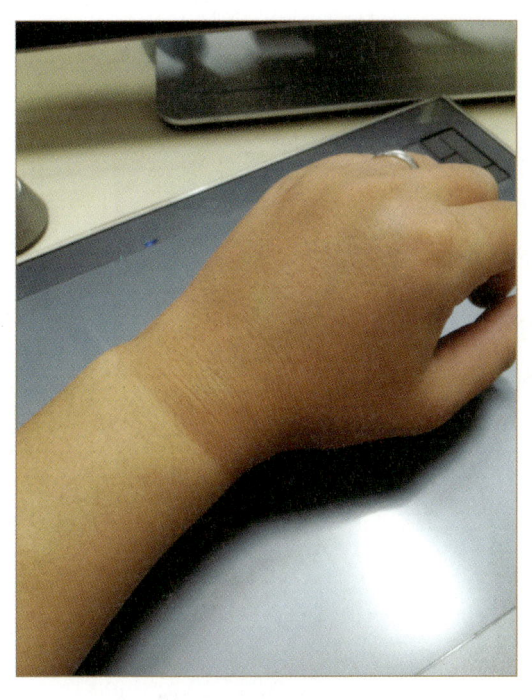

겨우내 좀 하얘지면 뭐하나 여름 되면 또 까매지는데...
야구 시작한 뒤로 난 점점 까매만지고
양념 반, 후라이드 반으로만 타지 말아야지.

사야인의 차는 SUV를 추천합니다.
당신이 언제, 어디로 야구하러 갈지 모르기 때문이죠.
장정 5명, 팀 장비, 개인 장비를 가득 싣고 주말마다 가혹하게 달리던
내 코란도. 다음 생엔 개인 스포츠 하는 주인 만나렴.

팀 사야이에선 군대 가는 팀원에겐 돌핀 전자시계와 헹가래를 쳐줍니다.
잘 다녀오라고요. 그때까지 팀이 유지되어야 할 텐데…

지금까지 야구를 하면서 가장 행복했던 순간이 언제냐고 묻는다면
당연히 처음으로 용야구를 이겼을 때.
야구는 간절한 자가 이긴다는 모토가 생긴 날

★ 내용은 게임원 사이트에 있는 '신혼부부의 사야이' 45-48화에 나옴 ★

제 개인 글러브들입니다.
종오에게 선물받은 롤링스 HOH 글러브 빼곤 직접 구매한 글러브들이죠.
글러브 많은 놈 치고 야구 잘하는 놈 못봤다는 말이 떠오르는군요.

뭐니 뭐니해도 경기 후 먹는 길짜장이 최고지.

눈이 너무 많이 와서 경기 취소된 날은 축구라도 하자.
그런데 야구 못하는 놈은 축구도 못하더라.

미션 애슬릿케어에서 주최한 '진격의 한수' 때 만난 마해영 위원님
초보들의 집합소인 팀 사야이를 지도해 주시느라
고생하셨습니다. 영광이었습니다. 마지막엔 살짝 포기하셨지만요.

프로야구는 베이스볼 워너비, 아이러브 베이스볼
베이스볼 투나잇, 베이스볼 S 중 골라서 봐야 하지만
사회인 야구는 '야남드'밖에 없다.

팀원이 깨어 있어도 자고 있어도
감독은 오더 걱정뿐

제 배트는 지번 시리즈 중 CONTROLLED 33 / 28입니다.
원피스 알로이 합금 재질의 미들 밸러스의 배트라 저 같은 초보자에게긴
딱이라고 SAMCOMPANY 이효삼 대표님이 지번 홈런 더비 나갔을 때
선물해 주셨습니다. 저희 팀원이 이 배트로 홈런 두 방을 쳤는데
정작 주인인 전 아직 홈런을 친 적이 없습니다.
역시 아무리 좋은 배트라도 주인을 잘못 만나면...

★ 공정성을 위해 배트 특집할 때 포함시키지 않았습니다. ★

야구 없이 사야이가 있을 수 있었을까?
야구 팀원들에게 이 자리를 빌어 진심으로 감사한 마음을 전하고 싶다.

팀 사야이가 사회인 야구팀들의 꿈이라는 Dugout magazine 촬영한날.
이런 멋진 단체 사진 한방 찍어 놓으면 볼때마다 좋을줄 알았는데
함께 못찍은 팀원들 생각나서 볼때마다 아쉬움.

글러브도 사 주고 헬맷과 야구 장갑도 사 주고
캐치볼도 함께 해 주고 나랑 결혼까지 해 준 우리 와이프. 짱짱맨~
외야 글러브 하나만 더 사 줘.

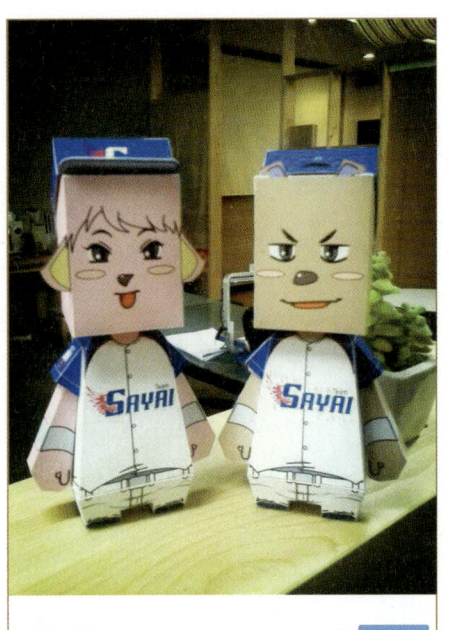

댓글, 이메일, 트위터, 페이스북을 통해 보내 주시는 응원글들 잘 보고 있습니다.
하나 하나 답장 못 드리는 점 진심으로 죄송합니다.
제 능력에 비해 정말 많은 분들이 좋아해 주시니 부끄러울 따름입니다.
대신 이 책을 통해 감사하다는 인사 드리고
그 마음 담아 열심히 '사야이'를 그리도록 하겠습니다.

유영태 올림

사야이

2012년 6월 창단.
만화 '유영태의 사야이'를 보는 팬들 중 실력은 부족하지만 야구는 하고 싶은 사람들끼리 모인 팀이다.

*이름(포지션.나이) / 직업 / 회사 / 감독 코멘트

이재형(CF.31) / 과장 / 건축 회사 보임 플래닝

강한 어깨 덕분에 초창기 괜찮은 투수로 주목받았으나 유리 심장으로 그만둠. 수비력이 좋고 발이 빨라서 MLB의 '시몬스' 같은 유격수로 키워 보려 했으나 실전만 들어가면 시전하는 UFO 송구로 골치 아픔. 감독의 투수 데뷔 전 때 1루로 축포를 날림. 그 후 그냥 중견수로 활용 중.

김병곤(2B.23) / 알바생 / 직업 군인 준비 중

타격 폼은 꼽추 같은데 이상하게 안타가 많이 나옴. 뜬공은 잘 잡지만 굴러가는 공에 취약함. 키우기도 애매하고 버리기도 아까운 상태. 곧 직업 군인으로 간다고 하여 정 떼려고 계획 중.

김준수(SS.33) / 팀장 / 스포츠 투아이

잘 치고 잘 잡는 멀티 플레이어형 팀원이었으나 1년 전 딸 민서 출생 후 못 나옴. 얼마 전 와이프에게 바이어 만나러 공항 간다고 거짓말하고 야구장에 정장 입고 신바람 나서 나타남. 나는 저리되지 말아야겠다고 다짐함.

김헌성(1B.26) / 지하철 공익 방위

처음 외모만 보고 행보관급 연배인 줄 알았으나 알고 보니 팀 막내 서열. 팀 초창기 큰 거 몇 방 치는 거 보고 가능성 있는 선수인가 하여 잔뜩 기대했으나 단순히 배트가 무거운 거였음. 배트가 가벼울수록 안타를 못 침. 최근엔 폭망. 다행히 선구안이 좋아져 볼넷을 많이

보고, 수비력 또한 향상되어 믿을만한 1루수가 되었음. 미국 유학 때 디즈니랜드 미키마우스 탈 쓰는 알바도 함. 그 뒤 탈 쓴 놈들이 이런 얼굴일지 모른다는 생각에 탈 알바들을 색안경 끼고 보게 됨. 사진을 공개하게 되어서 매우 후련함.

신우순(P.31) / 인터넷 강사 / 에듀코

흉악한 얼굴과 달리 인텔리. 어떤 수를 쓰는지 애들 내신 성적을 쑥쑥 올려 줘서 어머니들의 인기를 한 몸에 받고 있음. 하지만 학생 수가 늘지 않는다는 게 함정. 외모 탓인 듯. 서울 사람들이 돈 주고 쑥 쑥 먹는 거 보고 놀랐다는 무공해 공주 남자. 시골 출신답게 강골로 운동 자체를 잘함. 팀에선 2선발 투수와 3루수, 클린업 트리오를 맡고 있음.

서명재(3B.29) / 스타디움 샵 직원 / 스타디움 샵

큰 키와 화려한 장비. 사회인 야구 5년차라는 경력에 속아 초창기 코치까지 맡겼으나 경기를 하면 할수록 도금이 벗겨져 3루에서 1루로 밀려남. 김헌성 정도는 이기겠지 기대했으나 그 역시 완패. 타석에서 보여주는 준비 자세는 프로 뺨치게 멋있어서 상대 투수가 에이스인가 하고 순간 쫄지만 스윙을 하는 순간 파악 끝. 최근 깔끔한 안타를 치긴 쳤으나 그게 마지막 안타일지 진행형일지 미지수임.

안다훈(LF.25) / 학생 / 건국대학교

감독과 함께 수원 삼성(축구) 열혈 팬. 빠른 발이 인상적이라 처음부터 외야에서 키웠는데 망할 놈이 3년째 제자리. 그래도 가끔 플라이를 잡아 줄 때가 있어서 감독을 들었다 놨다 함. 축구를 해서 그런지 슬라이딩을 할 때 태클 냄새가 남.

최수일(C.28) / 회사원 / 삼성전자

귀여운 외모, 부유한 집안, 괜찮은 학벌, 야구하던 중 삼성 취업, 미모의 약사 여친까지 인생이 기승, 기승, 기승뿐인 위너. 항상 웃고 있는 눈이라 뭐가 그리 좋나 싶었는데 웃을 만함. 유일하게 화내는 순간이 포수할 때. 원래 2루수였으나 인생이 저리 순탄하기만 하면 안 된다는 감독 판단으로 가장 힘들다는 포수를 시킴. 포구나 송구가 평균 이하인데 가끔 허를 찌르는 리드로 투수들을 놀라게 함. 투수 최승연과 쿵짝이 잘 맞음.

임우재(RF.29) / 회사원 / 테스트이엔씨

사야이의 엄마. 궂은일, 힘든 일, 귀찮은 일을 솔선수범함. 천성 자체가 선하고 착하나 야구를 너무 못함. 특히 수비 때 공을 안 보고 잡으려고 하여 환장하겠음. 하지만 가끔 터지는 안타가 있어서 혹시나 하는 기대를 거는 중. 차기 1루수로 연습 중.

이행엽(RF.31) / 취업 준비생

지 페이스북엔 아이리스 요원이라고 밝히고 있음. 매사 적극적이고 활발하나 운동 신경이 절대적으로 부족함. 달리기부터 어색함. 전형적인 몸치임. 예전에 마해영 위원이 이 친구를 만만히 보고 타격 한 번 가르쳐 보겠다고 접근했다가 20분 가까이 쩔쩔맴. 결국 사회인 야구의 무시무시함을 몸소 느끼고 빈손으로 돌아감. 승부욕이 강하고 열심히는 하니 언젠간 실력이 늘지 않을까 하고 기대만 함.

송병주(RF.27) / 재벌 2세 / 제약회사
부유한 환경 속에서 편하게 야구할 수 있는 게 가장 큰 장점. 재벌 2세들 씀씀이가 희한하다더니 A등급 글러브는 비싸다고 안 사고, C등급으로 3개 삼. C등급 세 개 합치면 A등급 글러브 살 수 있음. 주사 있음. 운동 신경 없음. 프로 야구 기록을 줄줄 외우고 다님. 야구를 하고자 하는 의욕은 있으나 잘 못함. 최근에 좀 잘해서 박승완의 투수 데뷔 전 때 좌익수에 넣었었는데 에러를 남발한 후 박승완에게 갈굼당하고 의기소침한 상태.

정효원(P.31) / 경찰 공무원 준비 중
고향 군산. 야구, 축구, 당구 등 만능 스포츠맨 스타일. 초창기 사야이 마운드를 책임졌으나 처참한 팀 수준 덕에 1승밖에 못함(참고로 우리 팀은 보통 1년에 60경기 정도 됨). 2013년까지 마운드를 책임지다가 공무원 시험 준비 때문에 야구 쉬는 중.

박현재(P.20) / 탱화 화가 / 절
입단할 당시 열여덟 살이던 팀원. 최근 미성년자에서 딱지를 뗀 후 권기성과 만날 클럽 다님. 우리 중 가장 오랫동안 레슨장을 다닌 덕분에 투구 폼이 죽임. 그런데 제구가 안 된다는 게 함정. 겁나 멋진 스트라이크 한번 던진 후 폭투 남발 타입. 타격은 좀 괜찮았는데 그나마도 최근엔 망함. 그 레슨장, 사기로 고소하고 싶음.

권기성(LF.22) / 학생 / 성균관대학교
빠른 발과 좋은 선구안, 깐죽거리는 타격으로 초창기 사야이의 1번 타자를 맡았지만 편입 준비로 1년 정도 쉬었더니 지금은 깝쭉대는 타격만 남음. 망함. 박현재와 클럽 즐겨 다님.

최승연(P.32) / 회사원 / 하나투어
팀 사야이의 에이스. 외야수로 시작함. 생각보다 팀원들이 너무 못해 유격수를 맡게 됨. 팀에 투수가 없어서 감독이 투수까지 시킴. 90이닝 완투는 물론 하루 두 경기 완투 등 감독의 전폭적인 믿음과 신뢰 속에 실력이 일취월장하여 2013년 리그 삼진왕 2위까지 함. 타격도 좋았는데 최근에 홈런 두 방 친 후 자꾸 홈런만 노리는 바람에 최근엔 죄다 플라이볼 아웃. 최근 어깨가 좀 아프다고 하나 아직까진 쓸 만하니 1년 정도는 더 쓰고 버릴 생각임.

김병채(C.33) / 과장 / 시너지21
팀 사야이의 4번 타자. 원래는 투수였으나 와이프가 놀러온 날 개판 치는 바람에 와이프 울고 우리도 울고 본인도 울고… 투수 잠정 은퇴. 외야수로 귀향 보냈다가 최근에 팀에 주전 포수로 돌아옴. '약은 약사에게 폼은 병채에게'라는 말이 있을 정도로 폼이 좋음. 그래서 그런지 맞다 하면 3루타 아님 홈런. 다만 2경기당 한 번씩 터지는 게 함정.

박승완(2B.31)대리 / 에이디앤스타일
팀의 총무이자 살림꾼. 팀의 각종 업무를 다 맡아서 함. 경기 때도 투수부터 포수, 내야, 외야 안 한 포지션이 없음. 축구를 오래해서 그런지 운동 신경도 좋고 다재다능함. 감독의 전폭적인 신뢰로 장보기, 세차할 때도 부름. 세종대왕에게 황희 정승이 있었다면 유영태에겐 박승완이 있다고 할 정도. 우리 팀 내 인기는 물론 타 팀에서도 데려가고 싶어하는 인기남.

여자한테만 인기 없음. 32년째 모태 솔로. 모든 에너지를 야구에만 퍼붓는 게 무서울 정도. 회사에선 야구를 그만둬야 여자가 생긴다고 하지만 야구 안 할 때도 여자는 없었음. 그런데 이 책을 만드는 중 극적으로 여친이 생김. 하지만 아직 아무도 실물을 본 적이 없어서 사이버 캐릭터가 아니냐는 설도 있음.

유영태(1B.34) / 만화가 / 다음 스포츠·골닷컴
운동은 하는 게 아니라 보는 거라는 철학으로 살아온 지 31년. 운동이란 걸 해 본 적이 없는 남자. 웹툰도 그려야겠고 나보다 병신은 없겠지 하는 마음에 "아무나 오세요, 함께 야구해요." 했더니 나 같은 병신들만 모여 매우 난잡하게 됨. '야구 그 까짓 거 하면 그만이지' 하고 덤볐다가 갖은 고생 시전 중임. 최근엔 투수에 도전하여 어렵게 1승을 거둠. 1승과 관절염을 맞교환함. 어깨가 너무 아파서 사이드 암 투수로 변신 중인데 애들은 그냥 병신 같다고 함. 그래도 꿋꿋하게 연습 중. 기본적으로 운동 신경이 없고 살이 갑작스럽게 쪄 운동할 상황은 아니지만 같이 모여서 노는 게 좋아서 하는 중. 수비는 3루를 하고 싶어 하는데 이러다 조만간 앞니 다 나가고 임플란트하겠다는 걱정이 앞섬. 얼마 전 득남을 한 후 육아의 고통에서 잠시나마 벗어나고자 더욱 열심히 발버둥치고 있음.

신명재(3B.26) / 학생 / 국민대학교
태백에서 올라온 어깨가 강한 남자. 화려한 글러브질, 유연한 허리로 공수에서 엄청난 활약을 펼친다. '갓명재'라 불리다가 최근 개인적인 문제로 잘 못 나옴. 조만간 도피성 유학을 떠난다고 함.

이진행(CF.23) / 군인 / 통역병
1990년대 재미교포 냄새가 물씬 풍기는 미국 유학파로 뉴욕 양키스 근처에서 살았다고 하여 큰 기대를 모았지만 그냥 양키. 그래도 기본 신체 능력이 있어서 곧잘 한다 싶었는데 군대 감. 군대 떠나기 전 강남 밤사에서 미국 춤이라는 퇴폐 저질 댄스를 추고 떠남.

김준경(RF.31_ / 대학원생 / 성균관대
헬스 마니아로 근육이 발달되어 있으나 야구와는 상관없음. 작은 키에서 나오는 안정적인 자세는 보는 이로 하여금 감탄사를 불러일으킴. 그러나 잡는 건 별개. 최근 미모의 여인과 결혼함. 한동안 야구 못할 듯.

안광훈(RF.35) / 오타쿠 / 무직
좋은 직장에 잘 다니다가 유럽 여행하겠다고 때려 치우고 몇 달간 여행 다녀오더니 탄력 받아서 계속 노는 중. 최근엔 건프라에 미쳐 있음. 소녀시대 제시카 광팬으로 최근에 많이 힘들어함. 야구는… 참 좋은 형임.

표명석(LF.30) / 학생 / 교도관 준비중
표심이라고 아리랑볼보다 질이 안 좋은 똥볼로 상대 타자를 농락하며 재미를 봄. 정식 리그에 들어가자 심판이 똥볼은 스트라이크로 안 잡아 줌. 그 뒤 급격히 하락. 현재는 외야수로 전향. 주루시 사뿐 사뿐 걷는 듯 뛰는 에어워크가 인상적.

김기웅(SS.23) / 군인 / 상병
팀 사야이 초창기 때 유격수로 활약함. 맹활약은 아니고 그냥 활약. 열심히는 하는데 실력이 잘 늘지 않는 타입. 군대 갔다 오면 좀 나아지겠지.

김홍겸(CF.22) / 환자 / 중환자
전직 달리기 선수로 팀 사야이 자체 달리기 시합에서 1등함. 엄청난 속도로 외야를 질주할 줄 알았는데 엄청난 속도로 팀을 이탈, 현재 환자로 지내고 있음. 재능은 뛰어난데 몸이 약하니 하그리브스 느낌이 남.

한원석(1B.31) / 의사 / 송파구청
감독보다 무거운 몇 안 되는 헤비급. 운동 참 못 하겠다 생각했는데 축구할 때 드리블하는 거 보고 깜놀함. 그 뒤 1루수로 맹활약하다가 인턴 일이 바빠지면서 못 나옴. 경기할 때보다 다칠 때 생각이 더 많이 나는 팀원임.

황지후(RF.28) / 회사원 / 삼성 디스플레이
오지호를 닮은 멀끔한 외모와는 안 어울리게 허당 냄새가 나더니 역시나 허당. 야구 실력은 별로이나 페이스북에 경기 분석하는 거 보면 허구연 해설위원 뺨침. 미래에 사회인 야구 해설위원으로 활용하면 좋을 자원임.

정연섭(RF.31) / 학생 / 로스쿨
지적 능력과 야구 실력은 별개인 걸까? 두뇌 처리 속도를 몸이 못 따라감. 그래도 열심히 야구하다가 최근 공부한다고 잘 못 나옴. 나중에 포수를 시키면 최수일과 좋은 승부가 되지 않을까 함.

송하근(3B.30) / 취업 준비생 / 무직
팀 사야이 거포 타자로 최초 홈런을 날린 선수. 주전 3루수로 눈부신 활약을 하다가 연애 슬럼프에 빠진 후 야구에도 슬럼프에 빠지며 현재 칩거 생활 중. 운동 신경이 좋으니 다시 하면 잘하겠지만 언제 돌아올지 미지수.

정경찬(RF.30) / 회사원, 바리스타 / 밀리터리 잡지
국방 관련 잡지 기자이면서 바리스타를 병행하는 이상한 직업의 소유자. 좌타 좌투로 고만고만한 실력인 임우재와 경쟁 중인데 엎치락뒤치락 지들끼리 잘 싸우고 있음. 훗날 투수로 키우면 어떨까하는 막연하고도 근거 없는 기대를 하고 있음.

이희범(CF.22) / 군인 / 상병
'외야는 너무 넓고도 춥다'는 명언을 남기고 군대로 떠남. 한때는 팀 사야이의 선두 타자 겸 주전 외야수였으나 군대를 다녀오면 어떨지… 그래도 빨리 돌아왔으면 함.